50 Estrategias de Marketing para lanzarte al vacío

by Jaime Ruiz

Copyright © 2023 Jaime Ruiz

Todos los derechos reservados.

ISBN: 9798375158181

INTRODUCCIÓN

Lanzar un producto o servicio al mercado es como lanzar una bomba de relojería. Si lo haces bien, tu empresa puede explotar en popularidad y beneficios, pero si lo haces mal, puedes arruinar todo el esfuerzo que has puesto en tu proyecto. Por eso es crucial estar al tanto de las últimas tendencias y herramientas en marketing, ya que el mundo de las ventas y la promoción está en constante evolución.

Utilizar herramientas como las redes sociales y los chatbots puede ser una excelente manera de llegar a tu público objetivo y promocionar tu proyecto.

En esta guía te presentamos las mejores estrategias de marketing actuales para que puedas inspirarte y adaptarlas a tus necesidades y a las de tus clientes potenciales. Así, podrás asegurarte de que tu lanzamiento sea un éxito de taquilla.

Soy Jaime Ruiz y llevo más de 15 años dedicado al marketing digital ofreciendo mis servicios a muchos clientes que no tienen los recursos suficientes para contratar a grandes empresas de marketing.

¡Espero que te guste el contenido de esta pequeña joya!

CONTENIDO

1# LOS CONSUMIDORES CRÍTICOS 2
2# MARKETING AGILE 3
3# LAS 4P DEL MARKETING 6
4# MÉTRICAS ADECUADAS 9
5# A/B TESTING 11
6# MARKETING DIGITAL + OFFLINE 12
7# SEO: INCREMENTA TU VISIBILIDAD 14
8# GEOMARKETING y SEO LOCAL 15
9# MARKETING DE CONTENIDOS 17
10# CONTENIDO INTERACTIVO 18
11# REDES SOCIALES 19
12# YOUTUBE 21
13# WEBINARS y DIRECTOS 22
14# PODCAST DE MARCA 28
15# SORTEOS 29
16# MARKETING BUZZ 30
17# CONTENIDOS VIRALES 32
18# PREPARA LAS FAQ 33
19# SOCIAL LISTENING 34
20# SOCIAL SELLING 36
21# RELACIONES PUBLICAS Y NOTAS DE PRENSA 37
22# POSICIONARSE COMO PONENTE 40
23# OFRECER ASESORÍAS GRATUITAS 41
24# STORYTELLING 42
25# STORYDOING Y STORYEXPERIENCE 44
26# MARKETING DE EXPERIENCIAS 45
27# RE-PUBLICA TU CONTENIDO 46
28# MARKETING DE AFILIACIÓN 48
29# SAMPLING 49
30# MARKETING EN TWITCH 50
31# PUBLICIDAD NATIVA 52
32# ESTRATEGIA DE EMAIL MARKETING 53

33# INBOUND MARKETING 55
34# MARKETING AUTOMATION 56
35# SOCIAL ADS 57
36# SEM 59
37# REMARKETING 61
38# VIDEO MARKETING 63
39# CURSOS FORMATIVOS Y WORKSHOPS 69
40# EVENTOS DIGITALES e HÍBRIDOS 71
41# ECOMMERCE y AMAZON 73
42# VENTA CRUZADA y RELACIONADA 75
43# HAZ UNA APP 76
44# POTENCIA TU LINK BUILDING 77
45# CAMPAÑAS POR SMS 78
46# MARKETING CON INFLUENCERS 80
47# PUBLICIDAD EN ALTAVOCES INTELIGENTES 82
48# CHATBOTS 83
49# I.A. y MACHINE LEARNING 84
50# WHATSAPP BUSINESS 86

50 Estrategias de Marketing para lanzarte al vacío

Marketing para lanzar tu producto: Descubre cómo maximizar tus posibilidades de éxito

En el fascinante mundo del marketing digital, no existe una receta secreta para alcanzar el éxito en el lanzamiento de un producto. A menudo, factores externos como el presupuesto disponible o las características del mercado en el que se encuentra el producto pueden influir significativamente en el resultado final del lanzamiento. Sin embargo, es esencial prestar atención a las distintas estrategias de marketing que se utilizan para sacar el máximo provecho posible de cada situación.

A continuación, te presento una lista de 50 estrategias de marketing que consideramos especialmente útiles para el lanzamiento de tus productos. Con esta lista, podrás explorar distintas opciones y encontrar la estrategia perfecta para tu negocio. ¡Empecemos nuestra aventura en el mundo del marketing digital!

1# LOS CONSUMIDORES CRÍTICOS

El enfoque customer centric en marketing es una estrategia que se basa en el diseño de toda la planificación empresarial en torno al cliente. La idea es que el usuario sea el centro de todas las acciones, y que sus necesidades y desafíos sean tenidos en cuenta en todo momento. Esto implica un cambio radical en la forma en que las empresas se enfocan en el mercado, ya que tradicionalmente, muchas de ellas se han enfocado en promocionar sus productos y su superioridad en términos de producción y eficiencia.

Sin embargo, en la actualidad, esta orientación ya no es suficiente. Se requiere de empresas que garanticen una excelente experiencia de cliente, que no solo se enfoquen en vender productos, sino que brinden asistencia, acompañamiento y comprensión al cliente. Esto implica un cambio en la cultura empresarial, en la forma en que se entiende el negocio y en la forma en que se atiende al cliente.

Ejemplos de empresas que han adoptado un enfoque customer centric son Amazon y Zappos. Estas marcas se destacan por tener una filosofía de empresa centrada en crear una cultura en torno al cliente y sus preocupaciones. Estas empresas han comprendido que el éxito está reservado para aquellas que son capaces de realizar este cambio de enfoque, y han invertido en esta estrategia para lograrlo.

En conclusión, el enfoque customer centric en marketing es una estrategia esencial para las empresas que quieren tener éxito en el mercado actual. Se trata de una forma de entender el negocio desde el punto de vista del cliente, y de diseñar todas las acciones en torno a sus necesidades y desafíos. Es un cambio radical, pero es un cambio necesario para lograr el éxito en el mercado actual.

2# MARKETING AGILE

Contar con un plan de marketing estratégico y bien desarrollado es esencial para el éxito de cualquier empresa. Un plan de marketing es un documento detallado que incluye un análisis exhaustivo de la situación actual de la empresa, los objetivos a alcanzar y las acciones específicas necesarias para lograrlos. Un buen plan de marketing debe ser una herramienta dinámica que se adapte a las constantes transformaciones del mercado y las necesidades de los clientes.

Antes de la pandemia, la mayoría de las empresas contaban con un plan de marketing periódico (mensual, trimestral o anual) que establecía metas a corto, medio y largo plazo. Sin embargo, el entorno actual ha cambiado significativamente y las empresas han tenido que adaptarse rápidamente. La pandemia ha generado un cambio en las tendencias de consumo, ha acelerado la digitalización de los negocios, y ha generado incertidumbre en el mercado, por esta razón, ha surgido la necesidad de contar con planes de marketing ágiles que permitan a las empresas ser más flexibles y adaptarse de manera eficiente a los cambios constantes en el mercado.

El marketing agile se basa en la aplicación de la metodología desarrollada hace más de 20 años en el sector del software. Esta metodología promueve una nueva visión del marketing y las disciplinas digitales, enfocada en:

• Un cambio de mentalidad: los usuarios del marketing agile promueven la colaboración, el aprendizaje continuo y la capacidad de adaptarse a los cambios, enfocándose en brindar valor al cliente. Esto implica entender las necesidades y expectativas de los clientes, y adaptar las estrategias de marketing para satisfacerlas.

• Experimentación, iteración y lanzamientos pequeños: en lugar de planificar grandes proyectos a largo plazo, el enfoque del marketing agile se basa en hacer muchos experimentos pequeños y lanzarlos con frecuencia, aplicando los resultados al siguiente ciclo de trabajo. Esto permite a las empresas ser más flexibles y adaptarse rápidamente a los cambios en el mercado.

• Un nuevo enfoque de liderazgo: los líderes en un departamento de marketing ágil buscan ayudar al equipo en lugar de dar órdenes y enfocarse en las cifras de objetivos. El líder debe ser un coach y un mentor para el equipo, y debe fomentar la creatividad y el pensamiento fuera de lo convencional.

• Trabajo en equipo y colaboración: los miembros de un equipo de marketing agile buscan constantemente unir sus esfuerzos para mejorar su trabajo de manera más eficiente. La colaboración y el trabajo en equipo son fundamentales para el éxito del marketing agile, ya que permiten aprovechar al máximo las habilidades y conocimientos de cada miembro del equipo.

• Marketing basado en datos: el marketing agile valora los datos como esenciales para medir el éxito de sus experimentos y toma decisiones basadas en evidencia empírica. Esto implica recolectar y analizar datos en tiempo real para tomar decisiones informadas y mejorar constantemente las estrategias de marketing.

En resumen, contar con un plan de marketing estratégico y ágil es esencial para el éxito de cualquier empresa. El marketing agile promueve un cambio de mentalidad, un enfoque de experimentación, iteración y lanzamientos pequeños, un nuevo enfoque de liderazgo, trabajo en equipo y colaboración, y un enfoque basado en datos. Con un plan de marketing agile, las empresas pueden adaptarse rápidamente a los cambios en el mercado y brindar un valor real a sus clientes.

3# LAS 4P DEL MARKETING

Seguro que has oído hablar de las 4P del marketing, el famoso "marketing mix" del profesor Edmund Jerome McCarthy. Sin embargo, en esta ocasión, hemos decidido ampliar esta idea y crear las 5A del marketing, que resumen los cinco aspectos fundamentales que debe incluir cualquier estrategia de lanzamiento para lograr el éxito deseado. La primera A es "Aportar valor". Es fundamental que cualquier estrategia de marketing aporte valor a nuestros usuarios, proporcionando información útil y relevante que nos permita establecer un diálogo y construir una relación sólida y de confianza con ellos. Para lograrlo, es esencial compartir información en todos los formatos disponibles que ayude a resolver sus dudas y necesidades.

La segunda A es "Ayudar al cliente". Nuestro objetivo principal debe ser ayudar al cliente a superar sus desafíos. En lugar de enfocarnos en las ventas, debemos estar al lado del cliente, educándolo, guiándolo y acompañándolo en su proceso. Ofrecemos nuestra experiencia y conocimientos para garantizar que la experiencia del cliente sea lo más personalizada y satisfactoria posible.

La tercera A es "Anticipar las necesidades del cliente". Anticiparse y prever futuras demandas es esencial para tener éxito en el negocio. Si somos capaces de detectar las tendencias, preferencias y cambios del mercado, estaremos preparados para ofrecer soluciones a nuestros clientes antes de que las soliciten. Por ello, es fundamental mantenernos actualizados en las últimas tendencias y evaluar continuamente las novedades del mercado para poder ofrecerlas a nuestros clientes de manera oportuna.

La cuarta A es "Adaptarse al cliente". Es importante estar atentos y conocer a nuestra audiencia objetivo, conocer cómo consumen información, qué les interesa y qué les preocupa. Al adaptarnos a sus preferencias, podremos ofrecerles una experiencia personalizada y relevante. Por ejemplo, si detectamos que nuestra audiencia objetivo está activa en Instagram, debemos enfocar nuestra estrategia de lanzamiento en esa plataforma en lugar de incluir Facebook.

Se trata de adaptarnos a las formas y hábitos de consumo de nuestros clientes para poder ofrecerles un servicio o producto que satisfaga sus necesidades.

La quinta A es "Automatizar procesos". La tecnología es un aliado importante en nuestras estrategias de lanzamiento, ya que nos
permite optimizar el tiempo, reducir costos y ofrecer una mejor experiencia de usuario. Según la consultora Strategic IC, las empresas que han incorporado algún tipo de automatización en sus procesos han incrementado un 10% sus ganancias en un período de 6 a 9 meses. Automatizar procesos nos permite ser más eficientes y efectivos en nuestras acciones, permitiéndonos centrarnos en lo realmente importante: el cliente.

En resumen, las 5 A del marketing reflejan una postura de acompañamiento al usuario, integrando tecnología y siempre enfocándonos en el consumidor. Todas ellas incluyen la A de Analizar, que es esencial para poder revisar, mejorar y crecer continuamente. Con estas cinco acciones, podremos asegurarnos de ofrecer un servicio o producto que realmente aporte valor y ayude a nuestros clientes a superar sus desafíos, mientras anticipamos sus necesidades y nos adaptamos a ellos de manera eficiente y automatizando procesos. Estas acciones nos permitirán construir una relación sólida y de confianza con nuestros clientes, lo que a su vez nos ayudará a aumentar nuestras ventas y nuestra presencia en el mercado.

En definitiva, las 5 A del marketing son una herramienta valiosa para cualquier estrategia de lanzamiento, ya que nos ayudan a enfocarnos en lo esencial: el cliente. Al aportar valor, ayudar al cliente, anticipar sus necesidades, adaptarnos a ellos y automatizar procesos, podremos asegurarnos de ofrecer un servicio o producto que realmente satisfaga sus necesidades y les ayude a superar sus desafíos.

4# MÉTRICAS ADECUADAS

El éxito en el lanzamiento de un producto es un factor clave para el éxito de cualquier empresa y está estrechamente relacionado con la capacidad de medir en tiempo real las métricas adecuadas de tu estrategia de marketing, tanto digital como offline. La capacidad de observar cualquier indicador que esté dando resultados negativos o que no cumpla con los objetivos establecidos, es esencial para reaccionar de manera oportuna y optimizar tu campaña.

En el mundo digital, la medición de métricas es especialmente importante. Por ejemplo, si has iniciado una campaña de Google Ads y los resultados no son los esperados debido a un bajo quality score de tus anuncios, puedes revisar las causas subyacentes, corregirlas y mejorar la puntuación que Google otorga a tus anuncios. Es importante tener en cuenta que un bajo quality score tiene un impacto directo en la visibilidad de tus anuncios.

Entre las métricas más importantes a tener en cuenta en el entorno digital se encuentran el tráfico web, el ranking de keywords, la tasa de clics, el coste por clic o por mil visitas, la tasa de conversión, el coste por lead y la retención. Cada una de estas métricas tiene un impacto directo en el éxito de tu lanzamiento de producto y deben ser revisadas diariamente para detectar problemas a tiempo y tomar medidas para solucionarlos.

Para asegurarte de que tu lanzamiento de producto sea un éxito, es recomendable establecer tus propias métricas y revisarlas diariamente. De esta manera, podrás detectar problemas a tiempo y tomar medidas para solucionarlos. Además, es importante tener en cuenta que el éxito no solo se mide en términos de ventas, sino también en términos de satisfacción del cliente y de la reputación de la marca. Por lo tanto, es importante medir y analizar todos los aspectos de tu estrategia de marketing para asegurarte de que tu lanzamiento de producto sea un éxito completo.

5# A/B TESTING

Para alcanzar el éxito en tu estrategia de marketing y aprovechar al máximo tu presupuesto, es esencial utilizar las herramientas adecuadas. Una de las más valiosas es el test A/B, una metodología sencilla y eficaz que te permitirá mejorar cada elemento de tus campañas de marketing hasta asegurarte de que estás publicando el contenido más apropiado en el momento perfecto.

El A/B testing es un proceso en el que se prueban dos variantes de un elemento de tu marketing, se comparan sus resultados y se sacan conclusiones para aplicar los resultados en futuras campañas. Aunque se puede utilizar con cualquier tipo de contenido, es más comúnmente utilizado para diseñar y lanzar campañas de emailing y landing pages.

El proceso es simple: primero, creas dos versiones del mismo contenido que solo varían en un elemento, como el título, el botón de llamado a la acción o el diseño. Luego, las lanzas al mismo tiempo y comparas las métricas después de un tiempo determinado. El objetivo es identificar cambios pequeños pero efectivos que puedes aplicar a tu marketing para obtener mejores resultados cada vez.

Con el test A/B, podrás optimizar tu marketing y aprovechar al máximo tu presupuesto, gracias a la constancia, organización y disciplina necesarias para implementar esta metodología. Te ayudará a identificar los elementos que funcionan mejor y los que necesitan ser mejorados, para que puedas tomar decisiones informadas y obtener mejores resultados en tus campañas de marketing.

6# MARKETING DIGITAL + OFFLINE

La implementación de una estrategia de marketing combinada, tanto en el ámbito digital como en el offline, puede ser esencial para el éxito de un nuevo producto o servicio. Al desarrollar campañas digitales, es posible alinearlas con acciones de marketing tradicional para llegar a una audiencia más amplia y diversa. Esto ayudará a incrementar las ventas a largo plazo, ya que todos estamos expuestos a los impactos de los medios offline en algún momento del día.

Una de las formas de integrar el marketing offline en tu estrategia es mediante la publicidad en medios masivos como la televisión, la radio y los medios impresos. Estos medios te permiten llegar a un gran número de personas y crear un impacto significativo en la mente de los consumidores. Otra forma de integrar el marketing offline es mediante el uso de directorios comerciales locales para dar a conocer tu empresa y llegar a un gran número de usuarios que buscan productos o servicios específicos.

Las acciones de marketing directo, como el buzoneo, son especialmente útiles en ámbitos locales y te permiten llegar de manera personalizada a los consumidores de tu zona. Además, el patrocinio de eventos sociales o deportivos es una excelente manera de aumentar la visibilidad de tu marca y generar un impacto positivo en el público. Por último, el street marketing es una excelente forma de llamar la atención de los consumidores con creatividad e imaginación, mediante acciones en la calle que sean atractivas y llamen la atención de los consumidores.

En resumen, la implementación de una estrategia de marketing combinada es esencial para el éxito de un nuevo producto o servicio. Es importante utilizar tanto los medios digitales como los offline para llegar a una audiencia más amplia y diversa y generar un impacto significativo en la mente de los consumidores.

ESTRATEGIAS ORGÁNICAS

7# SEO: INCREMENTA TU VISIBILIDAD

La optimización de tu sitio web para los motores de búsqueda (SEO) es esencial si deseas mejorar la visibilidad de tu página en la web. Con una estrategia de posicionamiento efectiva, podrás brindar a los usuarios información realmente útil y relevante, lo que te permitirá tener una base sólida de tráfico a la que puedes comunicar tus nuevos productos y servicios, lo que facilitará enormemente el trabajo en comparación con tener que comenzar desde cero cada vez.

Una de las áreas clave a tener en cuenta al momento de optimizar tu SEO es la elección de palabras clave. En lugar de pensar en cómo tú denominas tu producto o servicio, es importante considerar cómo lo buscaría un usuario nuevo. Es importante seleccionar palabras clave que sean relevantes para tu contenido y que sean fáciles de encontrar.

Otra área importante a tener en cuenta es la meta descripción (o primeras palabras del texto). Los usuarios ven la meta descripción como un resumen de tu página en los motores de búsqueda, por lo que debe ser atractiva y relevante. Sin embargo, es importante tener en cuenta que en ocasiones Google puede ignorarla y mostrar las primeras líneas de la página, por lo que es importante asegurarse de que estas primeras líneas sean descriptivas y atractivas.

Además, es importante prestar atención a la densidad de la palabra clave. Es importante evitar el sobreuso de las palabras clave ya que Google penaliza esta práctica. Es recomendable mantener una densidad de la palabra clave del 1% o máximo del 1,5% en relación al número de palabras que tiene tu contenido.

Por último, es importante tener en cuenta el tiempo de carga de tu sitio web. Google cuenta con una herramienta llamada PageSpeed Insights que te ayudará a conocer qué debes cambiar para disminuir los tiempos de carga de tu sitio. Es importante mejorar el tiempo de carga de tu sitio web para ofrecer una experiencia de usuario satisfactoria y mejorar tu posicionamiento en los motores de búsqueda.

8# GEOMARKETING y SEO LOCAL

El marketing basado en la geolocalización es una técnica efectiva para llegar a clientes potenciales en ubicaciones específicas mediante dispositivos móviles como smartphones y tablets. Esta estrategia se basa en el uso de campañas publicitarias en redes sociales, SEM, display, email marketing y publicidad nativa, para crear mensajes personalizados y dirigidos a personas que se encuentran en una determinada zona geográfica.

Imagina que una pizzería especializada en gastronomía siciliana acaba de abrir sus puertas. Una de las formas más efectivas para llegar a su público objetivo es activar una campaña en Facebook e Instagram basada en la ubicación y los intereses de los usuarios (por ejemplo, personas que les guste la comida italiana y las pizzerías). Además, la pizzería puede mejorar su presencia en buscadores como Google mediante Google My Business, para aparecer en las búsquedas orgánicas por zona. De esta manera, los clientes potenciales podrán detectar fácilmente la pizzería como una posible solución cerca de sus casas cuando tengan la necesidad de consumir su producto o servicio.

Además del marketing basado en la geolocalización, el SEO Local es una valiosa herramienta que puedes añadir a tu estrategia de geomarketing si tienes tiendas físicas. Con él, podrás optimizar tu presencia en los motores de búsqueda para atraer a más clientes a tus puntos de venta. Una de las opciones más efectivas para lograrlo es utilizar Google My Business, que te permitirá proporcionar información detallada y precisa sobre tu negocio, como tus horarios, tu ubicación exacta y fotos. Además, los clientes podrán dejar reseñas y podrás incluir palabras clave relacionadas con tu empresa para mejorar tu posicionamiento en los resultados de búsqueda.

9# MARKETING DE CONTENIDOS

El Content Marketing es una parte esencial de tu estrategia de lanzamiento de productos o servicios. Se trata de crear y distribuir contenido relevante y valioso para atraer y retener a tus clientes potenciales, proporcionándoles valor de forma continua. El formato más común y efectivo para lograrlo es el blog, que permite a los usuarios consumir contenidos interesantes para ellos, además de poder ser compartidos generando tráfico a tu sitio web.

Sin embargo, para lograr el éxito en el Content Marketing, es esencial tener una buena organización y estructuración de las categorías y etiquetas, así como publicar contenido de calidad con regularidad. La metodología de Inbound Marketing es ideal para este propósito, ya que te permite crear contenido valioso para atraer a tu audiencia potencial y convertirlos en clientes.

Para poder definir y publicar contenido útil para tu buyer persona, una excelente herramienta es crear un mapa de contenidos. Este te ayudará a identificar los temas relevantes para tu audiencia y a planificar la publicación de contenido en función de las necesidades de tus clientes potenciales. En resumen, el Content Marketing es una pieza fundamental en tu estrategia de lanzamiento, y es esencial para atraer y retener a tus clientes potenciales.

10# CONTENIDO INTERACTIVO

Crear contenido para promover tu producto o servicio es solo el principio de un camino lleno de desafíos y oportunidades. En un mundo cada vez más saturado de información, es esencial encontrar la manera de destacar entre la masa y llamar la atención de nuestros potenciales clientes. Una de las formas más efectivas de hacerlo es mediante el uso de contenido interactivo.

El contenido interactivo es aquel que permite al usuario realizar una acción sobre el contenido, ya sea responder preguntas, utilizar una calculadora, explorar una infografía, jugar un juego o ver un video. Al permitir al usuario interactuar con la información, se mejora la fidelización y comprensión de nuestros mensajes, ya que el usuario se siente más involucrado y comprometido con la marca.

Según Genially, una herramienta especializada en contenido visual, los beneficios de esta clase de contenido son enormes. Entre ellos, se incluye un mayor engagement e interacción de los consumidores, una mayor capacidad de medición de las acciones de los usuarios, la generación de leads cualificados y la diferenciación e innovación de la marca.

Promocionar tu producto o servicio a través de contenido interactivo es una excelente manera de ofrecer algo diferente y original tanto al usuario como a la empresa. Al permitir que el usuario explore, juegue y conozca mejor nuestros productos o servicios, podemos entender mejor sus intereses y preferencias, y adaptar nuestro contenido para satisfacer sus necesidades.

11# REDES SOCIALES

Las redes sociales son una herramienta esencial en la estrategia de cualquier negocio que busque atraer potenciales clientes y dar a conocer sus nuevos productos o servicios. Para lograrlo, es fundamental ser meticuloso en el enfoque y aportar valor real a tu público, destacándote de la competencia. De esta forma, podrás lograr que tu audiencia entienda cómo puedes ayudarles a satisfacer sus necesidades.

Para lograrlo, hay varias acciones que puedes realizar. Una de ellas es crear un teaser de tu campaña para generar la intriga y curiosidad entre el público. También puedes publicar twits para que tu contenido sea viralizado y utilizar link trackeado para conocer el recorrido que hacen los usuarios desde tu publicación hasta la página destino.

En Facebook, puedes crear una pestaña especialmente destinada para tu lanzamiento. También puedes invitar a una lista VIP donde tus "evangelizadores" puedan conocer en primicia tus nuevos productos o servicios. Crear contenido de blog para compartir en tus redes sociales y activar la funcionalidad de Social Shopping para que los usuarios puedan comprar directamente desde tus redes sociales.

Otra acción importante es compartir contenidos audiovisuales tanto en YouTube como en Instagram. También puedes realizar sorteos en tus redes sociales para conseguir mayor engagement con tu audiencia. Con estas acciones, podrás lograr atraer potenciales clientes y dar a conocer tus nuevos productos o servicios de forma estratégica y efectiva en las redes sociales.

12# YOUTUBE

¿Sabías que tus competidores ya están utilizando el poderoso medio del vídeo en su estrategia de contenidos? Según un estudio de Hubspot, el 81% de las marcas han optado por esta opción como principal medio para llegar a la Generación Y (Millennial) y la Generación Z (Centennial) de una forma rápida, directa y emocional.

La verdad es que los beneficios del contenido audiovisual son evidentes. El usuario medio consume una impresionante cantidad de tiempo, alrededor de 40 minutos de vídeos en YouTube desde su móvil cada vez que inicia sesión, lo que supone un incremento del 50% en comparación con el año anterior.

Y las tendencias apuntan a que esto seguirá creciendo. Se prevé que en 2023 el tráfico de datos de móvil se multiplique por 7 gracias a la proliferación de los vídeos. Para poner esto en perspectiva, para visualizar todos los vídeos que se publican en YouTube en un solo minuto, necesitaríamos 300 horas.

Los dispositivos móviles juegan un papel clave en esta tendencia de vídeo marketing y se han convertido en los principales elementos para el consumo de contenidos audiovisuales. Si aún no has incorporado el vídeo en tu estrategia de contenidos, es el momento perfecto para hacerlo y asegurarte de no quedarte atrás en la competencia.

13# WEBINARS y DIRECTOS

Webinars

La venta de ciertos productos, empresas o servicios no es una tarea sencilla y rápida, sino que requiere un proceso más complejo y prolongado. En estos casos, el posicionamiento de marca juega un papel fundamental, y es aquí donde el uso de contenidos cobra todo su sentido.

Los webinars son una herramienta digital muy valiosa en este proceso, ya que se trata de formaciones en directo que se realizan online. A menudo, estas sesiones son gratuitas y permiten a las empresas compartir su experiencia y conocimientos con los usuarios registrados. Entre sus principales beneficios, destaca la posibilidad de interactuar en tiempo real con los consumidores potenciales, respondiendo sus dudas y generando contactos de valor que pueden convertirse en clientes.

La recomendación es utilizar los webinars en la fase media del embudo de ventas, es decir, en el momento en el que el usuario tiene claro su necesidad, nos tiene referenciados y aún no se ha decidido por una marca en particular para solucionar su problema o necesidad, ya que se encuentra en un proceso de investigación. Por ejemplo, si una empresa de marketing digital quiere posicionarse en el mercado, puede ofrecer webinars orientados a los servicios que ofrece, no solo hablando de sus habilidades, sino también ofreciendo sesiones formativas digitales sobre temas específicos, como las mejores estrategias de email marketing en el sector viajes o cómo realizar campañas exitosas en Facebook e Instagram.

Además, si se lanza un nuevo servicio o producto, los webinars son una excelente manera de posicionarlo y darlo a conocer, destacando sus beneficios y características únicas. En definitiva, los webinars son una herramienta valiosa para mejorar el posicionamiento de marca, generar contactos de valor y, finalmente, convertir a los usuarios en clientes.

Directos en redes sociales

Facebook Live

La retransmisión en directo en redes sociales es una herramienta cada vez más valiosa para las empresas y los profesionales del marketing. Esta técnica ofrece una serie de ventajas que permiten a las marcas conectarse de manera más efectiva con su audiencia y mejorar su presencia en línea.

Entre las principales ventajas de la retransmisión en directo en redes sociales se encuentra el costo rentable del video marketing. Los videos en directo son una forma económica de promocionar productos o servicios, ya que no requieren de un gran presupuesto para su producción y difusión.

Además, la retransmisión en directo permite una conexión más cercana con la audiencia, ya que estos videos son grabados en tiempo real y se pueden interactuar con los espectadores a través de comentarios y preguntas. Esto permite crear una sensación de comunidad entre los seguidores de una marca y fortalecer la relación con ellos.

Otra de las ventajas de la retransmisión en directo es la posibilidad de organizar eventos a bajo costo. Con las herramientas de retransmisión en directo, las empresas pueden transmitir eventos en línea, lo que permite a una audiencia mucho más amplia participar, incluso si no pueden estar físicamente presentes en el evento.

La retransmisión en directo también es una excelente herramienta para generar tráfico a nuestras páginas. Al transmitir un video en vivo, se puede atraer a una audiencia interesada y motivarla a visitar nuestra página web o perfil en las redes sociales.

Por último, las redes sociales ofrecen herramientas de análisis integradas para medir el rendimiento de los videos en directo. Esto permite a las empresas evaluar el impacto de sus transmisiones en tiempo real y mejorar su estrategia de marketing en función de los resultados.

En la actualidad, casi todas las principales redes sociales permiten la retransmisión en directo, con Facebook como líder en la industria. La plataforma de streaming de Facebook, conocida como Facebook Live, es muy fácil de usar y sólo requiere de un móvil o una cámara con el software Live Producer para retransmisiones de mayor calidad. Sin duda, la retransmisión en directo en redes sociales es una herramienta esencial para cualquier marca que quiera mejorar su presencia en línea y conectarse de manera más efectiva con su audiencia.

Youtube Live

La plataforma de video de Youtube se ha convertido en una herramienta imprescindible para aquellos que buscan llegar a una audiencia amplia y diversa. Con la posibilidad de retransmitir en directo desde dispositivos Android, ordenadores, iPhones y Macs, la plataforma ofrece una gran variedad de opciones para aquellos que buscan conectarse con su audiencia de manera efectiva.

A diferencia de otras plataformas como Facebook, Youtube cuenta con una gran cantidad de usuarios activos, lo que permite generar un gran número de visualizaciones y leads. Además, la plataforma permite generar ingresos a través de herramientas como Superchat y membresías, además de las visualizaciones. Los directos también pueden ser resubidos y almacenados como vídeos regulares, lo que facilita su localización a través de búsquedas.

Utilizar Youtube Live como parte de una estrategia de marketing digital puede proporcionar beneficios similares a los de Facebook Live, como la conexión con la audiencia, la organización de eventos económicos, el aumento del tráfico a nuestras páginas y la disponibilidad de herramientas de análisis integradas. Además, Youtube ofrece una gran cantidad de opciones para personalizar y personalizar las retransmisiones en directo, lo que permite adaptarse a las necesidades y objetivos de cada usuario.

En resumen, Youtube Live es una herramienta valiosa para aquellos que buscan conectarse con su audiencia de manera efectiva, generar ingresos y promocionar su contenido de manera efectiva. Con su gran cantidad de usuarios activos, herramientas de análisis integradas y opciones de personalización, la plataforma es una excelente opción para aquellos que buscan alcanzar sus objetivos de marketing digital.

Instagram Live

En Instagram Live, encontramos una forma revolucionaria y novedosa de llegar a nuestra audiencia de manera en directo, permitiéndonos compartir momentos únicos e inolvidables con nuestros seguidores.

Sin embargo, es importante mencionar que esta herramienta cuenta con algunas limitaciones que debemos tener en cuenta antes de utilizarla.

En primer lugar, los directos de Instagram solo tienen una duración máxima de 60 minutos, lo que significa que una vez transcurrido este tiempo, si deseamos continuar la retransmisión, tendremos que crear un nuevo directo. Además, el streaming en Instagram Live tiene un carácter más informal, ya que solo se puede realizar a través de un dispositivo móvil, lo que significa que no podremos utilizar cámaras profesionales para grabar nuestros contenidos.

A pesar de estas limitaciones, Instagram Live ofrece una gran cantidad de posibilidades para utilizarlo en beneficio de nuestra marca. Uno de los usos más populares es para charlas informales con nuestra audiencia, tutoriales y acercar nuestro contenido a una audiencia joven y diversa para potenciar nuestra imagen de marca y aportar contenido valioso. Además, los beneficios son similares a los de otras redes sociales mencionadas anteriormente y nos ayudará a crear una mayor cercanía con nuestros usuarios, gracias al carácter informal de esta red. En definitiva, Instagram Live es una herramienta valiosa que nos permite llegar de manera más cercana y personal a nuestra audiencia, y que debemos tener en cuenta a la hora de planificar nuestra estrategia de contenido.

14# PODCAST DE MARCA

La popularidad del formato de podcast sigue en constante crecimiento en todo el mundo. Según el informe "Infinite Dial" de 2020, el 75% de los estadounidenses se encuentran familiarizados con los podcast, lo que representa un aumento impresionante de 10 millones de personas en comparación al año anterior. Además, el 55% de los estadounidenses han escuchado al menos un podcast, un aumento significativo del 4% en comparación al año anterior. Más de un tercio de los estadounidenses escuchan uno o más podcasts al mes, lo que representa un total de 100 millones de personas.

En España, según datos de Statista y Business Insider, el país es uno de los principales mercados de podcast del mundo, con un impresionante 40% de personas con acceso a internet que los escuchan al menos una vez al mes. Crear un podcast de marca es una excelente manera de complementar su estrategia de lanzamiento. Los podcast de empresa son muy útiles para crear marca y atraer tráfico, además de ayudar a conseguir nuevos leads para enriquecer su base de datos y, con un trabajo posterior de lead nurturing, convertirse en clientes. Los podcast son una herramienta valiosa para conectar con su audiencia, ya que les permite escuchar su mensaje en un formato más cómodo y relajado. Los podcast de marca también ayudan a construir relaciones de confianza con su audiencia, lo que puede llevar a una mayor lealtad y compromiso. En resumen, el formato de podcast sigue creciendo en popularidad y es una excelente manera de complementar su estrategia de lanzamiento y conectar con su audiencia.

15# SORTEOS

Para lograr un alcance masivo y rápido de un producto, es fundamental generar una gran expectación antes de su lanzamiento al mercado. Una de las formas más efectivas de lograrlo es mediante el uso de técnicas de marketing como sorteos y concursos previos.

Para que estos sorteos y concursos sean efectivos, es necesario que el premio ofrecido esté relacionado con el producto, como por ejemplo, un viaje a un destino exótico si se trata de una agencia de viajes o un diseño exclusivo de zapatos si se trata de una marca de calzado. También es efectivo ofrecer el producto en exclusiva a un grupo seleccionado a cambio de su ayuda para difundir la noticia.

Para maximizar la viralidad del producto, se pueden organizar concursos fotográficos, premios a la idea más original o sorteos. Es importante ser creativo con los mensajes y ofrecer puntos extras por referir a amigos. Sin embargo, es crucial evitar ser percibido como spam, ya que esto puede generar un efecto negativo en la percepción del producto. En resumen, generar anticipación mediante sorteos y concursos previos, ofrecer premios relacionados con el producto y ser creativo con los mensajes son fundamentales para lograr un rápido alcance de un producto.

16# MARKETING BUZZ

La técnica del boca a boca siempre ha sido una herramienta valiosa en el mundo del marketing, ya que permite a los clientes compartir sus experiencias y opiniones sobre un producto con sus contactos. Sin embargo, para lograr un rápido alcance y aumentar las ventas de un producto, es importante generar anticipación antes de lanzarlo al mercado.

Uno de los métodos más efectivos para generar anticipación es mediante el uso de incentivos. Al ofrecer cupones de descuento o promociones exclusivas, como envío gratis, a aquellos clientes que recomienden tu producto a un cierto número de amigos, podrás fomentar el boca a boca y aumentar tus ventas a través de la cadena de recomendaciones.

Además, esta táctica es una forma efectiva de aumentar el alcance de tu producto sin tener que gastar en publicidad. Los clientes estarán dispuestos a compartir sus experiencias y opiniones sobre tu producto con sus contactos, lo que a su vez generará una mayor exposición y aumentará la probabilidad de que otros clientes se interesen por tu producto.

En resumen, el boca a boca sigue siendo un sistema increíblemente efectivo para dar a conocer un producto, pero para lograr un rápido alcance es importante generar anticipación antes de lanzarlo al mercado mediante el uso de incentivos. De esta manera, podrás aprovechar al máximo la técnica del boca a boca y aumentar tus ventas a través de la cadena de recomendaciones.

17# CONTENIDOS VIRALES

El marketing viral es una técnica de promoción que busca generar un gran interés y aumentar las posibilidades de compra de un producto o marca mediante mensajes que se propaguen rápidamente de persona en persona. El objetivo es que los usuarios elijan compartir dichos mensajes con sus amigos y familiares, lo que permite alcanzar un gran alcance en poco tiempo.

Las redes sociales son el medio ideal para implementar estrategias de marketing viral, debido a su facilidad para compartir contenido de manera rápida y sencilla. Uno de los ejemplos más comunes de marketing viral son los vídeos impactantes o sorprendentes que se comparten en Youtube y luego se difunden en redes sociales como Facebook, Twitter y Whatsapp.

Entre las principales ventajas del marketing viral se encuentra su bajo costo, ya que gran parte del trabajo de difusión es llevado a cabo por los usuarios, y su gran alcance potencial, ya que un vídeo viral puede llegar a una gran audiencia internacional sin necesidad de inversión económica. Además, es menos invasivo que otras campañas publicitarias, lo que ayuda a mejorar la percepción de la marca y a construir su notoriedad.

Sin embargo, también tiene sus desventajas, como su extrema dificultad para conseguir que algo sea viral. Depende mucho de la suerte y es difícil de conseguir con premeditación, requiriendo una idea sencilla pero muy original para lograrlo. A pesar de esto, los profesionales de marketing siguen trabajando arduamente para encontrar las mejores estrategias y tácticas para crear contenido viral y aprovechar al máximo las ventajas de este tipo de promoción.

18# PREPARA LAS FAQ

Cuando se lanza un producto al mercado, es esencial tener en cuenta que los consumidores pueden tener dudas y preguntas sobre su funcionamiento y utilidad. A medida que el producto sea más innovador y novedoso, será necesario proporcionar una mayor cantidad de explicaciones y detalles para que los usuarios puedan entender su funcionamiento y cómo pueden beneficiarse de él. Por ello, es recomendable crear una sección específica de "Preguntas frecuentes" en el sitio web de la empresa, de manera que los usuarios puedan acceder a ella fácilmente y obtener respuestas a sus dudas de manera rápida y sencilla.

Esta sección debería incluir respuestas a las preguntas más comunes relacionadas con el producto, como por ejemplo, cómo funciona, qué beneficios ofrece, qué tipo de usuarios es recomendable para, entre otras. Además, es importante que esta sección sea fácil de encontrar, ya que de esta manera se asegura que los usuarios no pierdan tiempo buscando la información que necesitan.

Para ahorrar tiempo y esfuerzo, es fundamental animar a los usuarios a visitar esta sección antes de contactar con la empresa para resolver sus dudas. De esta manera, se asegura que los usuarios obtengan la información necesaria de manera rápida y eficiente, evitando así la necesidad de tener que esperar a que alguien les atienda para solucionar sus problemas. En resumen, la sección de "Preguntas frecuentes" es una herramienta esencial para cualquier empresa que desee brindar un servicio de calidad a sus clientes y garantizar que estos se sientan satisfechos con el producto adquirido.

19# SOCIAL LISTENING

Sin duda, las redes sociales se han convertido en una herramienta esencial en nuestra sociedad actual, un medio de comunicación que nos permite estar cerca y conectados con nuestra audiencia en todo momento. Sin embargo, no debemos subestimar su importancia y utilizarlas únicamente como un canal de comunicación, sino también como una oportunidad para escuchar lo que nuestra audiencia tiene que decir sobre nosotros. Es aquí donde entra en juego el Social Listening, una técnica que consiste en monitorear y seguir las menciones de nuestra marca, producto o servicio en las redes sociales.

El Social Listening nos permite conocer de primera mano las opiniones, críticas e información relevante que nuestra audiencia tiene sobre nosotros, lo que nos permite tomar decisiones informadas y actuar en consecuencia. Además, hacer uso del Social Listening nos brinda una serie de beneficios, como la posibilidad de interactuar con los usuarios y resolver sus dudas o problemas, acceder a opiniones fiables sobre nuestra marca, producto o servicio, identificar a los defensores de la marca y fomentar su lealtad, conocer mejor a la competencia y adaptarnos a sus estrategias, atraer a nuevos clientes mediante la respuesta oportuna a sus necesidades y realizar un seguimiento de eventos y oportunidades de negocio.

En resumen, el Social Listening es esencial para mantenernos al tanto de lo que nuestra audiencia piensa sobre nosotros y poder mejorar nuestra estrategia en consecuencia. Se trata de una herramienta valiosa que nos permite estar siempre conectados con nuestra audiencia y adaptarnos a sus necesidades, logrando así una mayor satisfacción y lealtad hacia nuestra marca. En un mundo cada vez más conectado, el Social Listening se ha convertido en una herramienta imprescindible para cualquier empresa que desee mantenerse competitiva y conectada con su audiencia.

20# SOCIAL SELLING

El Social Selling, también conocido como venta social, es una técnica utilizada por empresas, marcas y profesionales para conectarse y fomentar la comunicación con clientes actuales y potenciales, con el objetivo de establecer una relación de confianza y acompañarlos en el proceso de compra. Con esta técnica, se busca capturar más leads y conocer mejor a los clientes, establecer puentes de comunicación, escuchar las necesidades del público objetivo y ofrecer soluciones adecuadas.

El objetivo principal del Social Selling no es vender directamente en las redes sociales, sino conocer, atraer, convencer y conversar con los clientes, para iniciar un proceso de confianza entre el consumidor y la marca. Con esta técnica, se busca que los clientes conozcan la marca, sus productos y servicios, y que luego quieran convertirse en clientes.

De acuerdo con el estudio Anual de Redes Sociales de IabSpain de 2019, el 47% de los españoles afirma que han recibido influencia a través de las redes sociales en sus decisiones de compra. Por lo tanto, el Social Selling es una técnica de marketing digital muy interesante para aplicar en tus lanzamientos de productos. Con esta técnica, se busca generar una conexión emocional con los clientes, establecer una relación de confianza y acompañarlos en el proceso de compra. Es una excelente herramienta para conectar con los clientes, conocer sus necesidades y ofrecer soluciones adecuadas.

21# RELACIONES PUBLICAS Y NOTAS DE PRENSA

Un lanzamiento de producto o servicio es un momento crucial en la vida de cualquier empresa o marca. Es el momento en el que se presenta al mundo la nueva oferta, con todas sus características y beneficios. Sin embargo, para que ese momento tenga el impacto deseado, es esencial contar con una herramienta de comunicación eficaz: la nota de prensa.

La nota de prensa es la forma más efectiva de informar a los medios de comunicación sobre tu nueva oferta en el mercado. Es un comunicado informativo dirigido a los periodistas, con el objetivo de dar a conocer la novedad y generar interés en ella.

Es importante recordar que una nota de prensa no es simplemente un anuncio publicitario, sino un medio para proporcionar información valiosa y relevante.

Un comunicado de prensa bien elaborado puede aumentar la visibilidad de tu marca y promover su presencia en medios digitales y escritos. Por ello, es fundamental seguir unos consejos para redactar una nota de prensa exitosa. A continuación, te ofrecemos 8 claves para lograrlo:

1. Crea un titular atractivo e informativo. El titular debe ser el primer elemento que llame la atención de los periodistas y les haga querer leer más.
2. Utiliza subtítulos para resumir los puntos más importantes de la nota de prensa. Lo ideal es incluir entre 2 y 3. De esta forma, los periodistas podrán obtener una visión general de la nota sin tener que leerla completa.
3. Incluye la ubicación y la fecha del lanzamiento. Estos datos son fundamentales para que los periodistas puedan planificar su asistencia al evento.
4. El primer párrafo debe resumir el mensaje principal y responder a las preguntas fundamentales: ¿qué?, ¿cómo?, ¿quién?, ¿dónde? y ¿por qué? Estos datos deben

ser claros y concisos para que los periodistas puedan entender rápidamente de qué se trata la nota.

5. El segundo párrafo debe proporcionar más detalles sobre los beneficios del producto para los clientes. Es importante que esta información sea concreta y que se apoye con datos y estadísticas.

6. El párrafo final debe ser un resumen de todo lo dicho. Es importante que los periodistas tengan una visión general de la nota antes de leerla completa.

7. Incluye una sección "Acerca de" al final de la nota de prensa que resuma información sobre tu empresa o marca. Esta sección debe incluir los datos más relevantes, como la historia, la misión y los valores de la empresa.

8. Incluye una sección "Para más información" con un resumen del producto, un enlace a tu página web y los datos de contacto de la persona encargada de prensa. Esta sección es fundamental para que los periodistas puedan obtener más información y contactar con la empresa en caso de necesidad.

9. En conclusión, la nota de prensa es una herramienta esencial en cualquier lanzamiento de producto o servicio. Con estos 8 consejos, podrás redactar una nota de prensa exitosa y aumentar la visibilidad de tu marca en los medios de comunicación. Es importante recordar

que la claridad, concisión y relevancia son los pilares fundamentales de una nota de prensa efectiva.

22# POSICIONARSE COMO PONENTE

Convertirse en un orador experto y habitual en los temas que dominas como profesional es una excelente forma de destacarte y posicionarte como un embajador de tu empresa o marca. Al asistir a eventos, conferencias y ponencias y ser percibido como un referente en tu sector, es más probable que las personas acudan a ti en busca de soluciones relacionadas con tu experiencia y conocimientos.

Además, al lanzar un nuevo producto o servicio al mercado, puedes utilizar tus charlas y presentaciones como una oportunidad para promocionarlo y generar interés entre tus oyentes. Por ejemplo, si eres un experto en marketing digital y acabas de lanzar una herramienta de análisis de relevancia y salud de campañas en redes sociales, puedes utilizarla como ejemplo en tus ponencias y ofrecer a los participantes la posibilidad de probarla gratis o mediante una versión de prueba. Esto no solo te permitirá generar interés en tu producto o servicio, sino también te permitirá demostrar tus conocimientos y habilidades en el tema.

Ser un ponente habitual en eventos y conferencias es una excelente forma de construir tu reputación y posicionarte como un líder en tu campo, tanto a nivel local como a nivel nacional o internacional. A medida que vayas construyendo tu reputación como orador, más personas acudirán a ti en busca de soluciones y consejos relacionados con tu experiencia y conocimientos.

23# OFRECER ASESORÍAS GRATUITAS

Aunque algunos podrían considerarlo una estrategia arriesgada, ofrecer auditorías o asesorías reducidas a empresas que consideramos como leads cualitativos puede ser una excelente oportunidad para nuestra empresa. Al brindar un acercamiento directo con los posibles clientes, podemos mostrar nuestra experiencia y ayudarlos a resolver problemáticas específicas que ellos puedan estar enfrentando. Además, al realizar una auditoría en el sector del marketing, podemos analizar aspectos clave como el SEO, la estrategia de contenidos, el SEM, la reputación online y el email marketing.

Incluso, podemos crear herramientas propias para entregar informes con valor añadido a los futuros clientes. Estos informes no solo podrán ayudarles a conocer mejor su situación actual, sino también a proporcionarles una visión clara de las mejoras que podrían realizar en su empresa. El objetivo final es que, tras la auditoría reducida, el cliente nos contrate para profundizar en las mejoras y para desplegar una auditoría completa y en profundidad, donde podamos proponer los mejores productos o servicios para su empresa.

En conclusión, ofrecer auditorías reducidas a empresas potenciales puede ser una excelente oportunidad para nuestra empresa, ya que nos permite establecer una relación directa con los clientes, mostrar nuestra experiencia y ayudarles a resolver problemáticas específicas. Además, nos permite analizar aspectos clave del marketing y crear herramientas para entregar informes con valor añadido. El objetivo final es conseguir que el cliente nos contrate para profundizar en las mejoras y desplegar una auditoría completa y en profundidad.

24# STORYTELLING

Lanzar un producto ya no se trata solo de destacar sus beneficios, sino de crear una experiencia para el cliente que los lleve a través de un viaje emocional a través del storytelling. El arte de contar historias es una técnica efectiva para conectar con nuestro público objetivo de una forma más cercana y diferenciarnos de la competencia. Con una historia bien contada, el cliente se verá atraído a experimentar y probar nuestro producto, ya que se sentirá involucrado y conectado con él.

Para crear una historia que cautive a futuros compradores, es importante seguir una guía paso a paso. En primer lugar, debemos identificar a nuestro público objetivo y conocer sus necesidades y deseos. A continuación, debemos crear un personaje o protagonista con el que el público se pueda identificar y crear una relación emocional con él.

Luego, debemos desarrollar una trama interesante y emocionante que lleve al personaje a experimentar con nuestro producto y descubrir sus beneficios. Es importante incluir detalles que hagan que la historia sea creíble y relatable para el público.

Finalmente, debemos presentar una resolución satisfactoria que muestre cómo nuestro producto ha mejorado la vida del personaje y cómo puede hacerlo también para el público. Con esta técnica, el cliente se sentirá atraído por experimentar con nuestro producto y se sentirá conectado con él de una forma emocional.

En resumen, el storytelling es una técnica efectiva para conectar con nuestro público objetivo y diferenciarnos de la competencia. Al seguir una guía paso a paso para crear una historia emocionante y relatable, podremos cautivar a futuros compradores y aumentar la probabilidad de éxito en nuestro lanzamiento de producto.

25# STORYDOING Y STORYEXPERIENCE

La marca de ropa deportiva The North Face, conocida por su calidad y resistencia, decidió lanzar una campaña innovadora para promocionar su nueva colección de ropa impermeable. Con el objetivo de involucrar a los usuarios en una experiencia única, se asoció con Spotify para lanzar la campaña "Seek no shelter". La acción consistía en una canción exclusiva que solo podía escucharse durante los días de lluvia, con el fin de animar a los usuarios a lucir sus prendas impermeables de The North Face. Con esta campaña, la marca logró generar una experiencia personalizada para los usuarios, ejemplificando una estrategia de "storydoing".

El "storydoing" es un enfoque que se centra en la acción, en lugar de solo contar una historia. La marca logra involucrar al cliente a través de una experiencia, lo que permite construir relaciones personales con clientes actuales y potenciales. Esta táctica es similar al "storyexperience", en el cual la experiencia es lo que define a la marca, superando el concepto del storytelling tradicional. El "storyexperience" capta y cautiva al cliente a través de una historia, facilitando la diferenciación de la marca y la construcción de relaciones personales con clientes actuales y potenciales.

26# MARKETING DE EXPERIENCIAS

El marketing de experiencias, también conocido como experiential marketing o marketing de emociones, es una estrategia en la que las marcas buscan establecer una conexión emocional profunda y duradera con sus clientes. A través de la creación de experiencias sensoriales inolvidables y deslumbrantes, las marcas buscan generar emociones de bienestar, plenitud y felicidad en los consumidores. Esta técnica de marketing se ha demostrado cada vez más efectiva en la actualidad, ya que los consumidores cada vez valoran más las experiencias que las marcas les ofrecen mientras realizan una compra o durante su consumo, incluso antes que las variables de costo/beneficio.

Los estudios científicos y los casos de éxito en grandes compañías como Apple, Coca Cola, Nike o Starbucks han demostrado que el marketing de experiencias es una estrategia vital para el éxito de cualquier marca. Estas grandes compañías han sabido cómo crear experiencias únicas e inolvidables para sus clientes, lo que ha permitido establecer una conexión emocional positiva con ellos y, por lo tanto, aumentar su lealtad y su fidelidad a la marca.

En el ámbito digital, el marketing de experiencias también juega un papel importante. Con la popularidad creciente de la realidad virtual y la realidad aumentada, las marcas pueden utilizar estas herramientas para ofrecer experiencias inmersivas y emocionantes a sus clientes, que les permitirán experimentar con el producto de manera más realista y personal. En resumen, el marketing de experiencias es una estrategia clave para el éxito de cualquier marca en la actualidad, ya que permite establecer una conexión emocional profunda y duradera con los clientes y aumentar su lealtad y fidelidad a la marca.

27# RE-PUBLICA TU CONTENIDO

A menudo, nos sumergimos tanto en la creación de contenido fresco y novedoso que olvidamos apreciar el valor del contenido existente. Sin embargo, no es necesario reinventar la rueda en cada publicación de blog, vídeo o infografía. La reutilización de contenido antiguo de marketing tiene varios beneficios que no debemos ignorar.

Primero, permite ahorrar tiempo y dinero al maximizar la eficacia de tu estrategia de marketing de contenidos. En lugar de gastar horas y recursos en crear algo completamente nuevo, puedes adaptar y mejorar lo que ya tienes. Además, atrae la atención a contenidos antiguos que han caído en el olvido o que no recibieron suficiente tráfico en su momento. Es una excelente oportunidad para experimentar con diferentes formatos y sacar el máximo provecho de cada idea.

La reutilización de contenido antiguo también es una salvación en momentos de falta de inspiración para crear nuevo contenido. Antes de lanzar un nuevo producto o servicio, revisa tus contenidos antiguos y busca aquellos que pueden apoyar tu estrategia de marketing. Actualízalos, conéctalos con tu nueva oferta y dales una fecha actual. Serán la tarjeta de presentación perfecta para tu novedad.

En resumen, no debemos subestimar el valor del contenido antiguo. La reutilización de contenido antiguo de marketing es una estrategia inteligente y eficaz que puede ayudarnos a ahorrar tiempo y dinero, atraer la atención a contenidos olvidados, experimentar con diferentes formatos e, incluso, salvarnos en momentos de falta de inspiración. Así que la próxima vez que estés pensando en crear algo completamente nuevo, considera la posibilidad de reutilizar y mejorar lo que ya tienes.

28# MARKETING DE AFILIACIÓN

El marketing de afiliación es una estrategia que busca generar confianza entre distintas empresas que tengan relación directa o indirecta con el producto o servicio que se desea vender. Para lograrlo, es esencial contar con una buena reputación y una base sólida de seguidores o usuarios a quienes recomendar tu oferta.

Sin embargo, construir una comunidad no es un proceso sencillo ni rápido. Puede llevar años de esfuerzo y dedicación antes de lograr resultados significativos. Muchos emprendedores se enfocan en el desarrollo de su producto o servicio, pero al momento de vender, se dan cuenta de la importancia de tener una presencia y autoridad en la red. Sin ella, es mucho más difícil utilizar la red como un canal de ventas eficaz, lo que dificulta aún más el proceso de generar confianza y vender el producto o servicio.

29# SAMPLING

La técnica del sampling ha experimentado un resurgimiento impresionante gracias al crecimiento exponencial del comercio electrónico en los últimos años. Se trata de una estrategia de marketing que consiste en repartir muestras gratuitas de un producto novedoso con el objetivo de que los usuarios lo conozcan de manera rápida y eficiente. Esta técnica ayuda a reducir costos, aumentar la visibilidad del producto y acortar el tiempo entre el primer contacto del consumidor y su decisión de compra.

En un mundo donde el comercio en línea está en constante evolución, el sampling se ha convertido en una herramienta valiosa para convencer a los consumidores que tienen dudas sobre la compra de un producto. Por ejemplo, los consumidores pueden solicitar una muestra del producto, probarlo y luego realizar su pedido una vez que hayan tomado una decisión.

Aunque es difícil determinar el impacto exacto del sampling en las ventas, según la empresa Carben, el índice de recuerdo de una marca cuya muestra de producto ha sido probada varía entre el 66% y el 93%, la intención de compra del 18% al 30% y la compra efectiva del 10% al 26%. Las primeras empresas en adoptar esta estrategia de marketing fueron las de productos de consumo, pero hoy en día se pueden encontrar ejemplos en una amplia variedad de industrias, desde perfumes hasta programas informáticos.

En resumen, el sampling se ha convertido en una estrategia de marketing fundamental para las empresas que buscan aumentar la visibilidad de sus productos y reducir costos. A través de la entrega de muestras gratuitas, las empresas pueden lograr que los consumidores conozcan su producto de manera rápida y eficiente, y al mismo tiempo aumentar las posibilidades de que el producto sea comprado. Sin duda, el sampling es una estrategia de marketing que sigue siendo relevante y efectiva en un mundo cada vez más digital.

30# MARKETING EN TWITCH

En los últimos años, el streaming ha experimentado una gran popularidad entre los usuarios de internet, y una de las plataformas más utilizadas es Twitch, propiedad de la compañía Amazon. Con una impresionante cifra de 26,5 millones de usuarios activos diariamente, esta plataforma ofrece una amplia variedad de contenido, abarcando desde música, cocina, charlas en directo, hasta secciones de bricolaje o estilo de vida. Sin embargo, es el gameplay el tema más popular entre los usuarios de la plataforma.

A pesar de ello, la diversidad de contenido disponible en Twitch la convierte en una excelente opción para las empresas de marketing. La plataforma ofrece varias formas para promocionar productos o servicios, tales como: sponsors o partners, influencer marketing y anuncios en Twitch. Los usuarios que tienen una audiencia fiel y creciente y que retransmiten de forma regular son considerados partners de Twitch, lo que les permite incluir anuncios de hasta 8 minutos en sus directos. Por otro lado, el influencer marketing en Twitch es una estrategia distinta a la de vídeos preparados, ya que se trata de transmisiones en directo. Algunas opciones comunes son shoutouts, regalos, unboxing, colocación de productos en la transmisión y secciones de información personalizadas. Por último, los anuncios en Twitch pueden ser de tipo preroll (antes de iniciarse un directo), midroll (durante la visualización del directo) y fin de stream (cuando el contenido ya ha finalizado).

En resumen, Twitch es una excelente opción para las empresas de marketing debido a su gran cantidad de usuarios activos y su amplia variedad de contenido. Las diferentes formas de promoción disponibles en la plataforma permiten a las marcas llegar a su audiencia de manera efectiva, permitiéndoles adaptarse a las necesidades y preferencias de cada usuario. Su capacidad de conectar a las marcas con su público objetivo de manera personalizada es lo que convierte a Twitch en una herramienta valiosa para cualquier campaña publicitaria.

ESTRATEGIAS DE PAGO

31# PUBLICIDAD NATIVA

La publicidad nativa es una técnica de publicidad en medios pagados que se ajusta perfectamente al entorno en el que se presenta, lo que permite generar un impacto en el usuario de manera menos invasiva que la publicidad tradicional. El éxito de esta técnica se debe a que el anuncio no se percibe como tal y se integra completamente en su entorno, lo que hace que sea mucho más efectivo. Por ejemplo, en medios digitales, estos anuncios respetan el formato y el estilo editorial del medio, lo que hace que el usuario no se sienta invadido. Sin embargo, es importante tener en cuenta que, por motivos éticos, siempre debemos indicar claramente que se trata de un contenido promocionado.

Entre los diferentes formatos de publicidad nativa, se encuentra el branded content. Este consiste en contenido creado y publicado por terceros, patrocinado por la marca. Un ejemplo común son los post patrocinados de los influencers, quienes llegan a acuerdos con las marcas para promocionarlas a través de sus redes sociales. Este tipo de contenido es especialmente popular en plataformas como Instagram, ya que permite a las marcas llegar a un público específico de manera efectiva. La clave del éxito de esta técnica radica en la integración del anuncio en el entorno, lo que hace que sea mucho más efectivo que la publicidad tradicional.

32# ESTRATEGIA DE EMAIL MARKETING

El email marketing sigue siendo una estrategia de marketing digital altamente efectiva, a pesar de ser considerada como "pasada de moda" por algunos. Aunque en un principio pueda parecer que ha sido desplazada por las nuevas tendencias digitales, la realidad es que sigue siendo una herramienta valiosa para llegar a los clientes y aumentar las ventas.

Para utilizar el email marketing de manera eficaz, el primer paso es crear una base de datos sólida de tus clientes. Es fundamental conocer lo máximo posible sobre ellos para poder personalizar tus mensajes y ofrecerles lo que realmente necesitan. La información que debes recoger incluye detalles como tu edad, lugar de residencia, compras previas o productos de interés.

Con esta información en tu poder, puedes crear una estrategia de mensajes altamente personalizada, donde el usuario percibe que los correos electrónicos recibidos han sido escritos específicamente para él. Este es un factor clave para aumentar las tasas de apertura y de conversión, ya que los clientes se sentirán más atraídos por mensajes que realmente les interesen.

La automatización del marketing también puede ser una gran herramienta para gestionar esta información de manera eficiente. Al utilizar herramientas de automatización, podrás segmentar tus listas de correo, programar tus campañas y analizar los resultados de manera automática. De esta forma, podrás ahorrar tiempo y esfuerzo, y enfocarte en lo que realmente importa: crear mensajes atractivos y relevantes para tus clientes.

En resumen, el email marketing sigue siendo una estrategia digital valiosa que, si se utiliza de manera eficaz, puede ayudar a aumentar las ventas y a mejorar la relación con tus clientes. Con una base de datos sólida y una estrategia personalizada, podrás aprovechar al máximo las ventajas del email marketing y obtener resultados sorprendentes.

33# INBOUND MARKETING

La creación de contenido de calidad es fundamental en la estrategia de marketing digital a largo plazo. Es esencial invertir tiempo y esfuerzo en desarrollar un blog relevante para su negocio o temas relacionados con él, que puedan ser atractivos para su audiencia. El objetivo es generar tráfico orgánico a su sitio web mediante la compartición de usuarios, lo cual es crucial para el crecimiento y el éxito de su negocio.

La metodología de Inbound Marketing es ideal para lograr este objetivo, ya que permite atraer a su audiencia potencial mediante contenido valioso, y luego convertirlos en leads y, finalmente, en clientes mediante un proceso de maduración de leads. Además, es importante diversificar los canales de contenido, como las redes sociales y los descargables, para obtener los mejores resultados.

La creación de contenido de calidad es una tarea constante que requiere dedicación y esfuerzo, pero los resultados son indudables. Con una estrategia sólida y un enfoque en la calidad, su negocio puede beneficiarse de un tráfico orgánico constante, una audiencia fiel y un mayor rendimiento en las ventas. Es importante recordar que el contenido es el rey, y al invertir en él, se está invirtiendo en el futuro de su negocio.

34# MARKETING AUTOMATION

¿Quieres lanzar tu producto al mercado con éxito y satisfacer las necesidades de tus usuarios sin sentirte estresado? La automatización del estado del buyer journey es la clave para lograrlo. Al automatizar ciertos pasos del proceso de compra, podrás brindar a tus clientes una experiencia de compra excepcional, mientras que tu equipo de marketing digital podrá optimizar su tiempo y esfuerzos.

La personalización es esencial para alcanzar el éxito en el mundo digital. El objetivo es que el mensaje sea accesible y cercano para cada uno de tus clientes. Para lograrlo, es importante segmentar de manera inteligente, teniendo en cuenta los intereses, ubicaciones geográficas, interacciones previas con tu marca, entre otros factores. De esta manera, podrás enviar comunicaciones en el momento preciso y con el contenido adecuado para cada cliente.

La tecnología ha avanzado a pasos agigantados en los últimos años, y hoy en día existen herramientas de automatización del marketing digital que utilizan inteligencia artificial para optimizar aún más el proceso. Estas herramientas aprenden continuamente del comportamiento del cliente y los factores externos que tienen influencia, lo que permite mejorar el proceso de forma constante.

El concepto de automatización del marketing digital comenzó como una herramienta de email marketing, pero ha evolucionado hasta convertirse en una solución integral que puede automatizar tareas repetitivas, reducir errores humanos, gestionar procesos complejos como la medición y optimizar los esfuerzos de marketing en general. Con una estrategia de automatización sólida, podrás lanzar tu producto al mercado con éxito y satisfacer las necesidades de tus clientes de manera eficiente.

35# SOCIAL ADS

La publicidad en redes sociales se ha convertido en una herramienta esencial para las marcas que buscan llegar a su audiencia deseada de manera efectiva y eficiente. Con una amplia gama de plataformas y opciones de personalización, las posibilidades en marketing son mejores que nunca. Aprovechando esta gran oportunidad, las marcas pueden obtener un retorno de la inversión considerable mientras crean campañas para una variedad de objetivos de negocio con un presupuesto reducido.

Entre las principales plataformas de publicidad social, Facebook Ads es una de las más populares. Con una enorme audiencia potencial, Facebook ofrece la ventaja de ser visualmente atractivo y contar con una gran cantidad de opciones de segmentación, desde demografía e intereses hasta públicos similares. Instagram Ads, por su parte, se caracteriza por su alto potencial visual y una audiencia dispuesta a interactuar. Es importante cuidar al máximo las imágenes y videos para obtener el mejor resultado.

Twitter Ads es otra plataforma popular entre las marcas. La red social del pájaro azul cuenta con diversas opciones de anuncios para cumplir con objetivos específicos como generar conversiones, conseguir leads, descargar aplicaciones, etc. Además, es posible ampliar la audiencia potencial con Twitter Audience Platform. YouTube Ads, de propiedad de Google, es una buena opción para conseguir una publicidad similar a la televisión. Esta plataforma ofrece la posibilidad de contar historias para conectar con el público.

Pinterest Ads, con una mayoría de usuarias femeninas, es una buena opción para todo tipo de temáticas, desde decoración hasta diseño gráfico. Por último, LinkedIn Ads se ajusta a entornos de publicidad B2B, ya que permite llegar a personas con un alto poder adquisitivo. El usuario cuenta con variadas opciones de segmentación. En resumen, la publicidad en redes sociales es una herramienta valiosa para las marcas que buscan llegar a su audiencia deseada y obtener un retorno de la inversión considerable. Con una amplia gama de plataformas y opciones de personalización, las posibilidades en marketing son mejores que nunca.

36# SEM

Las campañas en buscadores, conocidas como SEM (Search Engine Marketing), son una poderosa herramienta de publicidad para los momentos más tempranos dentro del proceso de conversión. En esta etapa, el consumidor está consciente de su problema y sabe que necesita comprar algo, por lo que sus búsquedas son mucho más específicas, con el objetivo de llevar a cabo una compra.

Google Ads es una herramienta excepcional para lanzar un producto al mercado y conseguir ventas de forma rápida y eficiente. Para obtener los mejores resultados, es esencial realizar una selección cuidadosa de las keywords, así como trabajar los copys y las creatividades (para la Red Display o para vídeos en Youtube). Además, es fundamental monitorizar diariamente la campaña, para poder optimizar en tiempo real los parámetros, tales como puja, costes, métricas y conversiones.

Tomemos como ejemplo un producto como unas botas de montaña con materiales de última tecnología. Identifica las búsquedas que realizaría el potencial comprador para encontrar tu producto y puja por esas keywords, tanto las de cola larga como las de cola corta. Aunque estas últimas tienen menos búsquedas, son más específicas y pueden llevar a un mayor rendimiento en la campaña.

Bing Ads (Microsoft Advertising) ofrece a los anunciantes una plataforma de publicidad de pago por clic para mostrar anuncios en los resultados de búsqueda de Bing, Yahoo y MSN. Su funcionamiento es similar al de Google Ads: los anunciantes eligen palabras clave para posicionar su anuncio y configuran una serie de pujas. Cuando se realiza una búsqueda relacionada, el sistema evalúa una serie de parámetros para mostrar al usuario uno o varios anuncios relevantes ordenados según su posición en el ranking.

Por último, Baidu, el primer motor de búsqueda usado en China, es una herramienta esencial para desarrollar estrategias de SEM en el mercado asiático, especialmente en China, donde domina una gran parte de la cuota de mercado. Al igual que Google Ads, Baidu Advertising ofrece la posibilidad de posicionar anuncios por palabras clave y aparecer en los resultados de búsqueda de los usuarios. En definitiva, las campañas en buscadores son una herramienta fundamental para conseguir ventas rápidas y eficientes en el mercado actual.

37# REMARKETING

El remarketing es una técnica de marketing digital que te permite aprovechar al máximo tus esfuerzos de captación de usuarios y aumentar tus conversiones. Esta técnica consiste en crear campañas de anuncios personalizadas para aquellos usuarios que ya han visitado tu sitio web u otros contenidos de tu marca. Esto significa que, gracias al remarketing, puedes llegar a usuarios que ya conocen tu marca o tus productos y que tienen una mayor probabilidad de convertir.

El remarketing se divide en tres pasos: primero, el usuario visita tu sitio web o consume contenido de tu marca; segundo, se marca al usuario con una cookie y se agrega a una lista de remarketing previamente definida; y tercero, se lanza una campaña de anuncios dirigida a esa lista, es decir, solo serán vistos por los usuarios que forman parte de ella.

Existen diferentes tipos de remarketing, como el estándar (anuncios de display para personas que han visitado previamente tu sitio web), el dinámico (anuncios personalizados en función de los productos vistos en el sitio web), para aplicaciones móviles, para anuncios en la red de búsquedas, de vídeo y por lista de distribución. Cada uno de ellos tiene sus propias características y ventajas, por lo que debes elegir el que mejor se adapte a tus objetivos y necesidades.

El remarketing es una técnica de marketing digital que te permite aprovechar al máximo tus esfuerzos de captación de usuarios y aumentar tus conversiones. Esta técnica consiste en crear campañas de anuncios personalizadas para aquellos usuarios que ya han visitado tu sitio web u otros contenidos de tu marca. Esto significa que, gracias al remarketing, puedes llegar a usuarios que ya conocen tu marca o tus productos y que tienen una mayor probabilidad de convertir.

El remarketing se divide en tres pasos: primero, el usuario visita tu sitio web o consume contenido de tu marca; segundo, se marca al usuario con una cookie y se agrega a una lista de remarketing previamente definida; y tercero, se lanza una campaña de anuncios dirigida a esa lista, es decir, solo serán vistos por los usuarios que forman parte de ella. Esta técnica de marketing digital te permite llegar a usuarios que ya conocen tu marca o tus productos y que tienen una mayor probabilidad de convertir.

Existen diferentes tipos de remarketing, como el estándar (anuncios de display para personas que han visitado previamente tu sitio web), el dinámico (anuncios personalizados en función de los productos vistos en el sitio web), para aplicaciones móviles, para anuncios en la red de búsquedas, de vídeo y por lista de distribución. Cada uno de ellos tiene sus propias características y ventajas, por lo que debes elegir el que mejor se adapte a tus objetivos y necesidades. El remarketing te ofrece la oportunidad de llegar a usuarios que ya conocen tu marca y que tienen una mayor probabilidad de convertir. Esta técnica de marketing digital te permite crear campañas de anuncios personalizadas para aquellos usuarios que ya han visitado tu sitio web u otros contenidos de tu marca, con el objetivo de guiar al usuario a avanzar en el proceso de conversión. Puedes hacer remarketing en diferentes canales, como SEM, display, email marketing y redes sociales, para aprovechar al máximo tus esfuerzos de captación de usuarios y aumentar tus conversiones.

38# VIDEO MARKETING

El video marketing es una herramienta de marketing digital poderosa que se basa en el uso de contenido audiovisual para alcanzar diferentes objetivos de la estrategia de marketing. Esta técnica se ha convertido en una de las principales herramientas de marketing digital, ya que los datos actuales muestran que el contenido audiovisual tiene un impacto significativo en las ventas y el retorno de inversión (ROI). Por ejemplo, las publicaciones en Twitter con vídeo obtienen 3 veces más respuestas y retuits que aquellas que no incluyen vídeo. Además, el 90% de los internautas afirman que los vídeos de productos son útiles a la hora de tomar decisiones de compra. También, el 64% de los usuarios que ven un video tienden a adquirir alguno de los productos asociados.

El video marketing es una herramienta muy versátil que puede ser utilizada en una gran variedad de formatos y plataformas. Por ejemplo, podemos incluir vídeos en nuestras publicaciones en redes sociales, en nuestra página web, en correos electrónicos, entre otros. Esto nos permite llegar a una gran cantidad de personas y aumentar la eficacia de nuestra estrategia de marketing.

El video marketing es una herramienta de marketing digital poderosa que ofrece una gran cantidad de beneficios para las empresas. Esta técnica se ha convertido en una de las principales herramientas de marketing digital, ya que los datos actuales muestran que el contenido audiovisual tiene un impacto significativo en las ventas y el retorno de inversión (ROI). Por ejemplo, las publicaciones en Twitter con vídeo obtienen 3 veces más respuestas y retuits que aquellas que no incluyen vídeo. Además, el 90% de los internautas afirman que los vídeos de productos son útiles a la hora de tomar decisiones de compra. También, el 64% de los usuarios que ven un video tienden a adquirir alguno de los productos asociados.

El video marketing es una herramienta muy versátil que puede ser utilizada en una gran variedad de formatos y plataformas. Por ejemplo, podemos incluir vídeos en nuestras publicaciones en redes sociales, en nuestra página web, en correos electrónicos, entre otros. Esto nos permite llegar a una gran cantidad de personas y aumentar la eficacia de nuestra estrategia de marketing. El video marketing es una herramienta de marketing digital poderosa que ofrece una gran cantidad de beneficios para las empresas. Esta técnica se ha convertido en una de las principales herramientas de marketing digital, ya que los datos actuales muestran que el contenido audiovisual tiene un impacto significativo en las ventas y el retorno de inversión (ROI). Por ejemplo, las publicaciones en Twitter con vídeo obtienen 3 veces más respuestas y retuits que aquellas que no incluyen vídeo. Además, el 90% de los internautas afirman que los vídeos de productos son útiles a la hora de tomar decisiones de compra. También, el 64% de los usuarios que ven un video tienden a adquirir alguno de los productos asociados.

El video marketing es una herramienta de marketing digital poderosa y versátil que puede ser utilizada en una gran variedad de formatos y plataformas. Esta técnica se ha convertido en una de las principales herramientas de marketing digital, ya que los datos actuales muestran que el contenido audiovisual tiene un impacto significativo en las ventas y el retorno de inversión (ROI). Por ejemplo, las publicaciones en Twitter con vídeo obtienen 3 veces más respuestas y retuits que aquellas que no incluyen vídeo. Además, el 90% de los internautas afirman que los vídeos de productos son útiles a la hora de tomar decisiones de compra. También, el 64% de los usuarios que ven un video tienden a adquirir alguno de los productos asociados. Esto nos permite llegar a una gran cantidad de personas y aumentar la eficacia de nuestra estrategia de marketing. El video marketing es una herramienta de marketing digital poderosa que ofrece una gran cantidad de beneficios para las empresas, permitiéndoles alcanzar sus objetivos de marketing de forma eficaz y eficiente.

Campañas de pago con vídeo

El vídeo marketing es una herramienta poderosa que no solo se limita a la creación de contenido audiovisual. También puede ser utilizada en nuestras estrategias de publicidad para lograr un mayor impacto en nuestra audiencia. Esta forma de comunicación es una excelente opción para campañas publicitarias en diferentes canales, como: Social vídeo, Google

Ads y Youtube, publicidad nativa, branded content y anuncios display.

Incluir vídeos en nuestros anuncios en redes sociales como Facebook o Instagram, puede aumentar el alcance y la efectividad de nuestras campañas. Utilizar Google Ads para posicionar nuestros vídeos promocionales en Youtube es una excelente manera de llegar a una audiencia amplia y específica. La publicidad nativa es una alternativa menos invasiva que puede ser mejorada con el uso de vídeos, lo que aumentará el rendimiento de nuestros contenidos y anuncios. Apostar por contenido de terceros pagado siempre es útil, y con el uso del vídeo podemos conectar mejor con nuestro público objetivo. La publicidad de display puede convertirse en monótona e incluso invasiva para el usuario que navega en internet, pero con el uso del vídeo podemos impactar mejor en nuestra audiencia, haciendo que los anuncios sean más atractivos y memorables.

El vídeo marketing es una herramienta poderosa que no solo se limita a la creación de contenido audiovisual. También puede ser utilizada en nuestras estrategias de publicidad para lograr un mayor impacto en nuestra audiencia. Esta forma de comunicación es una excelente opción para campañas publicitarias en diferentes canales, como: Social vídeo, Google

Ads y Youtube, publicidad nativa, branded content y anuncios display.

Incluir vídeos en nuestros anuncios en redes sociales como Facebook o Instagram, puede ser una excelente manera de aumentar el alcance y la efectividad de nuestras campañas. Utilizar Google Ads para posicionar nuestros vídeos promocionales en Youtube es una estrategia eficaz para llegar a una audiencia amplia y específica. La publicidad nativa es una alternativa menos invasiva que puede ser mejorada con el uso de vídeos, lo que aumentará el rendimiento de nuestros contenidos y anuncios. Apostar por contenido de terceros pagado siempre es útil, y con el uso del vídeo podemos conectar mejor con nuestro público objetivo. La publicidad de display puede convertirse en monótona e incluso invasiva para el usuario que navega en internet, pero con el uso del vídeo podemos impactar mejor en nuestra audiencia, haciendo que los anuncios sean más atractivos y memorables.

El vídeo marketing es una herramienta poderosa que no solo se limita a la creación de contenido audiovisual. También puede ser utilizada en nuestras estrategias de publicidad para lograr un mayor impacto en nuestra audiencia. Esta forma de comunicación es una excelente opción para campañas publicitarias en diferentes canales, como: Social vídeo, Google

Ads y Youtube, publicidad nativa, branded content y anuncios display.

Incluir vídeos en nuestros anuncios en redes sociales como Facebook o Instagram, puede ser una excelente manera de aumentar el alcance y la efectividad de nuestras campañas. Utilizar Google Ads para posicionar nuestros vídeos promocionales en Youtube es una estrategia eficaz para llegar a una audiencia amplia y específica. La publicidad nativa es una alternativa menos invasiva que puede ser mejorada con el uso de vídeos, lo que aumentará el rendimiento de nuestros contenidos y anuncios. Apostar por contenido de terceros pagado siempre es útil, y con el uso del vídeo podemos conectar mejor con nuestro público objetivo. La publicidad de display puede convertirse en monótona e incluso invasiva para el usuario que navega en internet, pero con el uso del vídeo podemos impactar mejor en nuestra audiencia, haciendo que los anuncios sean más atractivos, memorables y con una mayor probabilidad de ser compartidos.

39# CURSOS FORMATIVOS Y WORKSHOPS

Desde el año 2000, el elearning o formación en línea ha experimentado un crecimiento impresionante del 900%, impulsado en gran medida por la pandemia de coronavirus. Esto ha llevado a que cada vez más empresas adopten esta forma de compartir contenido valioso con sus usuarios y atraer a clientes potenciales de manera efectiva. Un ejemplo de esto es RUBI, una compañía del sector de la construcción que ha implementado cápsulas formativas en su canal de YouTube para mostrar las características de sus productos y brindar consejos para sacar el máximo provecho de ellos. Esta estrategia les ha permitido aumentar significativamente su base de datos, ya que una de sus píldoras formativas lanzadas en mayo de 2020 obtuvo más de 2.700 registros de diferentes países del mundo.

Además, la formación en línea también está explorando nuevos formatos, más allá de los webinars y talleres tradicionales, como el mobile learning y el microlearning, donde los contenidos son fragmentados y optimizados para adaptarse a las necesidades de los usuarios. Estos formatos son una consideración importante para cualquier empresa que quiera lanzar un producto, ya que ofrecen un sinfín de posibilidades para lograr el éxito.

En los últimos años, el elearning ha experimentado un crecimiento impresionante, impulsado en gran medida por la pandemia de coronavirus. Esto ha llevado a que cada vez más empresas se sumen a esta tendencia, como RUBI, una compañía del sector de la construcción que ha implementado cápsulas formativas en su canal de YouTube para mostrar las características de sus productos y brindar consejos para sacar el máximo provecho de ellos. Esta estrategia les ha permitido aumentar significativamente su base de datos, ya que una de sus píldoras formativas lanzadas en mayo de 2020 obtuvo más de 2.700 registros de diferentes países del mundo.

Además, la formación en línea también está explorando nuevos formatos, como el mobile learning y el microlearning, donde los contenidos son fragmentados y optimizados para adaptarse a las necesidades de los usuarios. Estos formatos son una consideración importante para cualquier empresa que quiera lanzar un producto, ya que ofrecen un sinfín de posibilidades para lograr el éxito. Por lo tanto, el elearning se ha convertido en una herramienta indispensable para cualquier empresa que quiera mantenerse al día con las últimas tendencias y alcanzar el éxito.

40# EVENTOS DIGITALES e HÍBRIDOS

Los eventos son una oportunidad única para presentar un producto o servicio de manera efectiva, promocionar una marca y atraer a posibles clientes. Sin embargo, la pandemia del covid-19 ha acelerado la transformación digital, lo que ha dado lugar a nuevos formatos como los eventos digitales e híbridos. Estos eventos, gracias a la tecnología avanzada, nos permiten conectarnos con potenciales clientes de todos los rincones del mundo sin necesidad de estar en el mismo lugar físico. Aunque estos eventos presentan desafíos, como garantizar la asistencia, mantener la atención del público y lograr un verdadero engagement, hay ejemplos de éxito que demuestran que, con la tecnología adecuada, los eventos digitales e híbridos pueden ser una excelente herramienta para promocionar un producto o servicio y conectar con potenciales clientes.

Un ejemplo de éxito es la Conferencia Mundial de Desarrolladores de Apple. Esta conferencia, que se llevó a cabo en línea, fue un gran éxito, ya que reunió a miles de desarrolladores de todo el mundo para compartir sus conocimientos y experiencias. La tecnología utilizada permitió una experiencia de evento en línea enriquecedora, con la posibilidad de interactuar con los oradores y otros participantes, así como acceder a contenido exclusivo. Esto demuestra que, con la tecnología adecuada, los eventos digitales e híbridos pueden ser una excelente herramienta para promocionar un producto o servicio y conectar con potenciales clientes en todo el mundo.

41# ECOMMERCE y AMAZON

Amazon Advertising es una plataforma publicitaria que ofrece a las marcas y empresas la posibilidad de maximizar su alcance en el marketplace más grande del mundo. Una de sus soluciones es la creación de una tienda personalizada dentro de Amazon, conocida como Stores. Estas Stores ofrecen un sitio web multipágina para tu marca, con una URL de marca propia, lo que las convierte en una excelente opción para dirigir el tráfico hacia ellas.

Para crear una eficiente página de Stores, es necesario incluir la historia de la marca, el catálogo de productos, productos relacionados y recomendaciones. Esto se puede hacer sin tener conocimientos de programación, ya que cuentan con un gestor de contenidos que permite incluir vídeos, texto e imágenes.

De esta manera, tus lanzamientos tendrán una mayor visibilidad y desde el primer momento podrás obtener una interesante tasa de clientes. Las personas que visitan Amazon están altamente interesadas en comprar algún producto, por lo que no hay que perder la oportunidad de llegar a aquellos que estén interesados en tus productos nuevos.

Amazon Advertising es una plataforma publicitaria que ofrece a las marcas y empresas la posibilidad de maximizar su alcance en el marketplace más grande del mundo. Una de sus soluciones es la creación de una tienda personalizada dentro de Amazon, conocida como Stores. Estas Stores ofrecen un sitio web multipágina para tu marca, con una URL de marca propia, lo que las convierte en una excelente opción para dirigir el tráfico hacia ellas.

Para crear una eficiente página de Stores, es necesario incluir la historia de la marca, el catálogo de productos, productos relacionados y recomendaciones. Esto se puede hacer sin tener conocimientos de programación, ya que cuentan con un gestor de contenidos que permite incluir vídeos, texto e imágenes. De esta forma, los lanzamientos de la marca tendrán una mayor visibilidad y desde el primer momento se podrá obtener una interesante tasa de clientes.

Las personas que visitan Amazon están altamente interesadas en comprar algún producto, por lo que no hay que perder la oportunidad de llegar a aquellos que estén interesados en tus productos nuevos. Esta es una gran oportunidad para las marcas y empresas de aprovechar el alcance de Amazon y llegar a una gran cantidad de personas interesadas en sus productos. No hay que dejar pasar la oportunidad de aprovechar esta plataforma publicitaria para maximizar el alcance de la marca y obtener una interesante tasa de clientes.

42# VENTA CRUZADA y RELACIONADA

La pequeña empresa ecommerce que busca mejorar sus ventas debe prestar atención a dos estrategias clave: Up Selling y Cross Selling. El Up Selling se refiere a la oferta de productos similares a los que el cliente ha comprado anteriormente, mientras que el Cross Selling implica sugerir productos complementarios a los adquiridos. Estas técnicas son esenciales para aumentar la facturación y promocionar nuevos productos a los clientes existentes.

La combinación de estas estrategias con el email marketing puede ser una excelente forma de aumentar los ingresos de la empresa. El Up Selling permite ofrecer a los clientes productos similares a los que ya han comprado, lo que les ayuda a obtener una mejor experiencia de compra y aumenta la probabilidad de que vuelvan a comprar en la tienda. El Cross Selling, por otro lado, permite sugerir productos complementarios a los adquiridos, lo que les ayuda a obtener un conjunto completo de productos relacionados.

El email marketing es una excelente herramienta para llegar a una audiencia más amplia y promocionar los productos de manera eficaz. Con esta estrategia, la empresa puede enviar correos electrónicos personalizados a los clientes existentes, ofreciéndoles productos similares o complementarios a los que ya han comprado. Esto les ayuda a mantenerse informados sobre los nuevos productos disponibles y aumenta la probabilidad de que realicen otra compra en la tienda.

En resumen, el Up Selling y el Cross Selling son estrategias clave para mejorar las ventas de una pequeña empresa ecommerce. La combinación de estas técnicas con el email marketing permite aumentar la facturación, promocionar nuevos productos y mejorar la experiencia de compra de los clientes existentes. Con esta estrategia, la empresa puede aumentar sus ingresos y mejorar su posicionamiento en el mercado.

43# HAZ UNA APP

Para alcanzar el éxito en tu próximo lanzamiento de producto, es esencial que consideres la creación de una aplicación móvil específica para tu ecommerce. Esta herramienta te permitirá llegar de forma personalizada a tus nuevos clientes, brindándoles acceso directo a su perfil individual y una variedad de funciones que mejorarán su experiencia con tu marca.

La aplicación ofrecerá la posibilidad de comprar directamente desde ella, realizar reservas, contactar contigo de manera directa y gestionar cualquier tipo de reclamación o devolución de manera eficiente. Estas funciones serán una gran ventaja para tus clientes, ya que les permitirán disfrutar de una experiencia única con tu marca y aumentar su compromiso contigo.

Además, la aplicación móvil específica para tu ecommerce te permitirá maximizar el impacto de tu lanzamiento de producto, ya que te permitirá llegar directamente a tus clientes y brindarles una experiencia personalizada y satisfactoria. Al contar con una aplicación móvil específica para tu ecommerce, estarás dando un paso adelante en la competencia y mejorando la experiencia de tus clientes con tu marca.

44# POTENCIA TU LINK BUILDING

El linkbuilding es una de las estrategias de marketing digital más importantes para lanzar un producto con éxito. Se trata de una técnica de posicionamiento web que consiste en obtener enlaces desde sitios externos a tu dominio, que apunten hacia tu sitio web. Estos enlaces son fundamentales para mejorar la visibilidad y la autoridad de tu sitio web, lo que a su vez mejorará tu posicionamiento en los motores de búsqueda.

Sin embargo, el linkbuilding es una técnica compleja que requiere una inversión de tiempo y esfuerzo continuo para obtener los mejores resultados. Es importante asegurarse de que los enlaces que obtengas sean de calidad y que provengan de sitios relacionados con tu sector o con el producto que has lanzado. Esto es crucial para evitar penalizaciones por parte de los motores de búsqueda, ya que estas penalizaciones pueden causar una pérdida de posicionamiento ganado en el tiempo.

Además, es necesario evitar utilizar estrategias de "black hat", como el compraventa de enlaces o el uso de técnicas de spam, ya que esto puede resultar en penalizaciones a tu sitio y la pérdida de posicionamiento ganado en el tiempo. Por lo tanto, es importante tener en cuenta que el linkbuilding es una técnica que requiere de una ejecución cuidadosa y una inversión de tiempo y esfuerzo continuo para obtener los mejores resultados. Es esencial estar al día con las últimas tendencias y actualizaciones en cuanto a linkbuilding para asegurar una estrategia efectiva y evitar cualquier tipo de penalización.

45# CAMPAÑAS POR SMS

A pesar de que pueda parecer una tarea complicada, ahora es el momento perfecto para comenzar a implementar campañas de marketing por SMS. Estas campañas están experimentando un resurgimiento debido a su alta tasa de apertura, con hasta el 90% de los usuarios que leen estos mensajes dentro de los primeros 3 minutos de recibirlos. Esto significa que puedes utilizar estas campañas para enviar mensajes automatizados después de una compra, informar sobre novedades o descuentos, entre otras posibilidades.

Sin embargo, para crear una campaña efectiva es esencial contar con un servicio de profesionales que nos ayuden en esta tarea. Estos expertos nos guiarán en la construcción de una red de contactos, ya sea mediante una casilla en nuestros formularios donde los usuarios den de forma voluntaria su información de contacto, cumpliendo con las normativas vigentes sobre la recopilación de información de clientes. Además, es importante ofrecer la opción de dar de baja fácilmente esta información de nuestras listas.

Las campañas de SMS ofrecen una serie de ventajas que las hacen similares a las campañas de email marketing, pero con un mayor engagement. Esto se debe a que permiten una mayor personalización de los mensajes, a pesar del límite de caracteres, y no requieren la instalación de plantillas, ya que la estructura y estética se encuentran plenamente en el mensaje enviado. Por lo tanto, ahora es el momento perfecto para comenzar a implementar campañas de marketing por SMS y aprovechar todas sus ventajas. Si bien puede parecer una tarea complicada, contar con un equipo de profesionales es la mejor forma de asegurar el éxito de estas campañas.

46# MARKETING CON INFLUENCERS

Los influencers son una herramienta de gran poder para las estrategias de marketing digital. Como expertos en un tema o sector, poseen una audiencia fiel y dispuesta a seguir sus recomendaciones, lo que se puede aprovechar para promocionar un producto o servicio. Por eso, es importante evaluar si conviene invertir en macroinfluencers o microinfluencers, ya que dependerá del producto o servicio y del presupuesto disponible.

Los macroinfluencers tienen un gran alcance y una gran repercusión en sus seguidores, pero requieren un presupuesto alto. Por eso, es recomendable optar por un patrocinio natural, sencillo y alineado con los valores del influencer. Por otro lado, los microinfluencers son más accesibles económicamente y son ideales para sectores específicos que no cuentan con influencers de gran alcance.

Los bloggers también son una opción atractiva, especialmente si están bien posicionados. Se puede trabajar con ellos para mencionar la marca en sus contenidos escritos o en sus canales. Las estrategias más comunes para conseguir que los bloggers e influencers hablen de la marca son organizar eventos y enviar muestras gratis. Sin embargo, es importante tener en cuenta que no se puede "comprar" su opinión, ya que deben ser honestos con su audiencia. Por lo tanto, es esencial realizar una investigación previa para seleccionar a los bloggers e influencers adecuados para evitar desastres.

Los influencers son una herramienta de gran poder para las estrategias de marketing digital. Como expertos en un tema o sector, poseen una audiencia fiel y dispuesta a seguir sus recomendaciones, lo que se puede aprovechar para promocionar un producto o servicio. Por eso, es importante evaluar cuidadosamente si conviene invertir en macroinfluencers o microinfluencers, ya que dependerá del producto o servicio y del presupuesto disponible.

Los macroinfluencers tienen un gran alcance y una gran repercusión en sus seguidores, pero requieren un presupuesto alto. Por eso, es recomendable optar por un patrocinio natural, sencillo y alineado con los valores del influencer. Por otro lado, los microinfluencers son más accesibles económicamente y son ideales para sectores específicos que no cuentan con influencers de gran alcance.

Los bloggers también son una opción atractiva, especialmente si están bien posicionados. Se puede trabajar con ellos para mencionar la marca en sus contenidos escritos o en sus canales. Las estrategias más comunes para conseguir que los bloggers e influencers hablen de la marca son organizar eventos y enviar muestras gratis. Sin embargo, es importante tener en cuenta que no se puede "comprar" su opinión, ya que deben ser honestos con su audiencia. Por lo tanto, es esencial realizar una investigación previa para seleccionar a los bloggers e influencers adecuados para evitar desastres y asegurarse de que la inversión tenga el mejor rendimiento.

47# PUBLICIDAD EN ALTAVOCES INTELIGENTES

La penetración de los altavoces inteligentes está aumentando de manera significativa y es esencial que tengamos en cuenta esta tendencia al momento de elaborar nuestra estrategia de lanzamiento. Una de las ventajas del marketing de voz para las empresas es su capacidad para incitar a la acción. Es decir, las consultas que normalmente se realizan a través de un navegador en un dispositivo conectado a internet, pueden ser realizadas de manera más rápida y sencilla mediante órdenes de voz. Además, los asistentes de voz se utilizan principalmente para buscar información, lo que significa que las marcas que optimicen su contenido web para el lenguaje hablado estarán más cerca de ser descubiertas por los usuarios. Cada vez son más las personas que, además de buscar información, buscan productos a través de altavoces inteligentes. La voz puede ser un canal adicional en nuestra estrategia de lanzamiento. Como marketeros, nuestro objetivo debe ser detectar los términos de búsqueda de los usuarios y optimizar nuestro contenido para que nuestra marca, producto o servicio aparezca en estas búsquedas por voz. Esto nos permitirá aprovechar al máximo la tendencia de los altavoces inteligentes y aumentar nuestras posibilidades de éxito en el mercado. Por lo tanto, es esencial que tengamos en cuenta esta tendencia al momento de elaborar nuestra estrategia de lanzamiento para asegurarnos de que nuestra marca, producto o servicio se destaque entre la competencia.

48# CHATBOTS

Los chatbots son una herramienta de inteligencia artificial que simula y procesa la conversación humana, ya sea por escrito u oralmente. Esta tecnología, cada vez más avanzada y sofisticada, se ha convertido en una herramienta imprescindible para las marcas, ya que les permite mejorar la comunicación con los clientes y automatizar tareas repetitivas en el ámbito del marketing. Con la capacidad de aprender y adaptarse a las necesidades de los clientes, los chatbots pueden proporcionar un servicio más rápido y eficiente.

Los chatbots pueden ser integrados en páginas web, pero también existen diferentes plataformas de mensajería que permiten incorporar esta tecnología. Entre ellas se encuentran WhatsApp, el asistente de Google y Facebook Messenger. Estas plataformas permiten a las marcas comunicarse directamente con los clientes a través de los smartphones y ofrecerles contenido personalizado. Por ejemplo, el periódico El Mundo permite a los usuarios acceder a las últimas noticias a través del asistente de Google.

En definitiva, los chatbots son una herramienta de gran valor para las marcas, ya que les permiten mejorar la comunicación con los clientes y automatizar tareas repetitivas en el ámbito del marketing. Esta tecnología de inteligencia artificial ofrece una gran variedad de aplicaciones, desde la atención al cliente hasta la realización de pedidos de manera automatizada. Además, los chatbots pueden ser integrados en diferentes plataformas de mensajería, lo que permite a las marcas comunicarse directamente con los clientes a través de los smartphones y ofrecerles contenido personalizado. Con la capacidad de proporcionar un servicio más rápido y eficiente, los chatbots se han convertido en una herramienta esencial en el mundo del negocio moderno.

49# I.A. y MACHINE LEARNING

La Inteligencia Artificial (IA) y el Machine Learning son dos conceptos sumamente relevantes en el mundo de la informática, cada vez más presentes en nuestra vida cotidiana. Estas tecnologías han revolucionado el ámbito del marketing digital, proporcionando una gran cantidad de herramientas eficientes para las empresas, permitiéndoles mejorar la experiencia de sus clientes y crear publicidad hipersegmentada.

La IA se refiere a la capacidad de las máquinas para imitar funciones cognitivas propias de los humanos, como la capacidad de resolver problemas, razonar, representar ideas, hacer planes, y procesar el lenguaje natural. Por otro lado, el Machine Learning se refiere a la facultad de las máquinas de aprender "solas" a partir de la información que se les proporciona. Estas tecnologías combinadas permiten a las empresas mejorar la experiencia de sus clientes y crear publicidad hipersegmentada, adaptando su contenido a las necesidades de cada individuo.

Uno de los usos más comunes de la IA y el Machine Learning en el marketing digital es el análisis de opiniones. Los nuevos modelos de Machine Learning se están enfocando en comprender los textos escritos por humanos para determinar si una opinión es positiva, neutral o negativa. Esto permite a las empresas identificar las quejas frecuentes, analizar las opiniones y evaluar el estado de ánimo de un cliente en el momento de dejar una reseña, lo que les permite tomar medidas para mejorar sus servicios y productos.

Otra aplicación de la IA y el Machine Learning en el marketing digital es la predicción y prevención de abandonos. Estas tecnologías permiten crear algoritmos que permiten predecir e identificar el comportamiento de los usuarios con alto riesgo de abandonar una empresa. Si se combina con las funciones de automatización del marketing, se obtiene un sistema que identifica a los usuarios con riesgo de abandonar y les envía mensajes personalizados para reengancharlos a la marca, aumentando la retención de clientes.

Además, la IA también se puede utilizar para mejorar la experiencia del cliente. Esta tecnología permite crear recomendaciones personalizadas para cada cliente y guiar a los clientes potenciales a través de un buyer journey personalizado, adaptando el contenido a las necesidades de cada individuo. Por último, el Machine Learning ofrece la posibilidad de personalizar los anuncios en función de la experiencia del cliente, lo que permite recomendar productos o servicios adecuados a sus necesidades.

50# WHATSAPP BUSINESS

WhatsApp es una de las aplicaciones de mensajería más populares y reconocidas en el mundo. Con su gran alcance y uso cotidiano, no es de extrañar que la compañía haya decidido lanzar WhatsApp Business, una herramienta diseñada específicamente para cubrir las necesidades de comunicación de las empresas con sus clientes.

Esta aplicación se puede descargar de forma gratuita y es una herramienta imprescindible en el ámbito del marketing, ya que permite a las pequeñas empresas comunicarse de manera eficiente con sus clientes. Es importante destacar que WhatsApp Business es una aplicación independiente de la aplicación de WhatsApp que todos utilizamos en nuestra vida cotidiana.

Entre los principales beneficios de WhatsApp Business se encuentran la posibilidad de compartir información comercial con los clientes, como la ubicación, la dirección de correo electrónico, el horario comercial, entre otros. Además, se puede optimizar la atención al cliente mediante la creación de respuestas rápidas y automatizar el envío de una respuesta ausente o un mensaje de saludo, por ejemplo, si estamos fuera de horario de oficina.

Otro gran beneficio es ofrecer una atención al cliente efectiva e instantánea, ya que los clientes valoran recibir respuestas rápidas y personalizadas por parte de la empresa. Además, se pueden enviar archivos a los clientes directamente en su bandeja de entrada.

En última instancia, es importante destacar que WhatsApp también ha ampliado sus soluciones para el ecommerce con WhatsApp Shops, lo que permite a los usuarios realizar sus compras directamente desde los chats y atender a los clientes adjuntando productos para su compra sin salir de la aplicación. Con todas estas herramientas, WhatsApp Business se ha convertido en una de las mejores opciones para las empresas que buscan mejorar su comunicación con sus clientes.

ACERCA DEL AUTOR

Siempre me dediqué al mundo audiovisual hasta que hace más de 30 años, por casualidades de la vida, cayó en mis manos mi primer PC, un Atari 1040ST, con el cual comencé a experimentar en la producción musical con programas como Notator y Cubase.

Esto me llevó por nuevos senderos, mi primera página web y el mundo de la informática, lo que alimentó mi curiosidad y me impulsó a seguir investigando y aprendiendo.

Hace unos 20 años, mi interés por el SEO y cómo llegar a más clientes sin gastar mucho dinero me llevó a descubrir el maravilloso mundo del marketing digital, cuando creo que todavía ni existía.

Actualmente trabajo para diferentes empresas y emprendedores a los que ayudo con todo mi conocimiento, tanto en el campo del marketing, como el audiovisual, que para mí no pueden existir el uno sin el otro, ya que son esenciales en una sociedad cada vez más audiovisual.

www.IDEAS-DIGITALES.com

www.ingramcontent.com/pod-product-compliance
Lightning Source LLC
Chambersburg PA
CBHW020450220526
45464CB00002B/941